Joshua Rowan

Financiamento estruturado de projectos para empresas independentes de petróleo e gás

Joshua Rowan

Financiamento estruturado de projectos para empresas independentes de petróleo e gás

Combater as tendências de subinvestimento para o desenvolvimento de campos

ScienciaScripts

Cover image: www.ingimage.com

This book is a translation from the original published under ISBN 978-3-659-89960-7.

Publisher:
Sciencia Scripts
is a trademark of
Dodo Books Indian Ocean Ltd. and OmniScriptum S.R.L publishing group

120 High Road, East Finchley, London, N2 9ED, United Kingdom
Str. Armeneasca 28/1, office 1, Chisinau MD-2012, Republic of Moldova, Europe
Managing Directors: Ieva Konstantinova, Victoria Ursu
info@omniscriptum.com

Printed at: see last page
ISBN: 978-620-8-59296-7

Índice

1 Introdução

No momento da redação deste relatório, o preço do petróleo bruto West Texas Intermediate era de $47,64/b, ou seja, $58,10/b inferior ao de há dois anos. Outros índices de preços tiveram um desempenho igualmente fraco, nomeadamente o Brent, que desceu 58% em relação ao período de dois anos anterior. A maioria dos analistas prevê que o desequilíbrio entre a oferta e a procura só será corrigido em 2017 ou mais tarde. Consequentemente, é provável que os preços se mantenham entre os 50 e os 60 dólares por barril num futuro próximo. Algumas empresas de exploração e produção (E&P) têm conseguido resistir à crise graças a estratégias de cobertura agressivas. Um estudo da McKinsey Consulting sobre 25 empresas de E&P concluiu que 30% da produção de 2015 e 15% da produção de 2016 foram objeto de cobertura. Outras empresas beneficiaram de 23 mil milhões de dólares em vendas de acções e 20 mil milhões de dólares em vendas de activos. (Nyquist, junho de 2016)

No entanto, nem todas as empresas de E&P conseguiram evitar o colapso dos preços do petróleo. Em 2016, 69 produtores de petróleo e gás, com 34 mil milhões de dólares de dívida acumulada garantida e não garantida, declararam falência. Estima-se que um bilião de dólares de capital próprio tenha sido aniquilado devido aos baixos preços das matérias-primas. De acordo com um inquérito da Deloitte, cerca de um terço das empresas mundiais de petróleo e gás estão em risco de insolvência. A Bernstein Research estima que, até 2019, o total de insolvências ascenderá a 70 mil milhões de dólares. (Helman, 2016) Entre os grupos mais afectados encontra-se a categoria de empresas de E&P vulgarmente conhecidas como "independentes".

De acordo com um inquérito realizado em 2009 pela Independent Petroleum Association of America (IPAA), os produtores independentes são

definidos como empresas que se dedicam à E&P por razões comerciais e fiscais. Mais de um quinto dos membros da IPAA são empresas cotadas em bolsa e apenas 11% operam a nível internacional. Dentro da categoria dos trabalhadores independentes, existem outras classificações para as pequenas, médias e grandes empresas. Se considerarmos as grandes empresas independentes, definidas como tendo mais de 250 empregados, 50% dos membros têm operações internacionais e 37,5% planeiam fazer mais investimentos globais. As empresas independentes contribuem significativamente para o perfil da E&P nos EUA, com 68% do petróleo, 85% do gás natural e 90% de todos os poços perfurados planeados e entregues por este grupo.
(Independent Petroleum Association of America, 2009)

No mesmo inquérito, os inquiridos citaram esmagadoramente a incerteza política (33,3%) e as despesas de capital (25,6%) como os maiores obstáculos à prossecução de grandes oportunidades internacionais. É provável que esta perceção tenha sido influenciada pelas abordagens de investimento de capital, em que apenas 21,1% do financiamento foi obtido junto de bancos e investidores externos. O subinvestimento no sector do petróleo e do gás é comum e é motivado, em parte, pelo chamado "motivo de excesso de dívida". [1]Para atenuar os efeitos negativos do financiamento alavancado ou dos

[1] Embora as motivações económicas para o financiamento de projectos não sejam consideradas neste ensaio, deve notar-se que o subinvestimento tem custos fiscais e de oportunidade distintos. Uma maior alavancagem financeira pode ter alguns benefícios fiscais, mas o aumento da dívida do promotor é suscetível de conduzir a uma deterioração da qualidade do crédito e a custos de empréstimo mais elevados, criando um ciclo auto-destrutivo. O financiamento de projectos elimina os problemas de sobre-endividamento

empréstimos bilaterais, é necessário que mais empresas independentes tirem partido do financiamento estruturado de projectos através de veículos para fins especiais (SPV) para o desenvolvimento de campos (multipoços) e outros grandes investimentos de capital.

É geralmente aceite na literatura académica que a separação dos fluxos de caixa do projeto dos fluxos de caixa do promotor pode reduzir o perfil de risco da empresa, preservando simultaneamente a capacidade de endividamento e as notações de crédito para outros projectos da empresa. Se alargarmos este raciocínio, os analistas do sector do petróleo e do gás poderiam concluir que qualquer projeto de investimento com um valor atual líquido (VAL) ou uma taxa interna de rendibilidade (TIR) positivos seria um candidato ao financiamento de projectos. No entanto, há que ter em conta que alguns projectos podem destruir uma grande parte da riqueza dos acionistas. Por conseguinte, uma avaliação das despesas de capital das grandes empresas independentes é um primeiro passo necessário para identificar padrões de investimento excessivos ou insuficientes. Só então poderão ser considerados investimentos específicos que gerem rendimentos positivos.

O ensaio começará por analisar a história e as origens do financiamento de projectos na indústria do petróleo e do gás. Serão utilizados exemplos específicos para contribuir para a discussão fundamental. Esta secção será concluída com um resumo dos benefícios associados ao financiamento

---

devido à natureza sem recurso do capital, em que os créditos residuais no balanço da empresa não são visados em caso de fracasso do projeto. Esta abordagem pode proporcionar uma motivação económica suficiente para combater as tendências de sobre-endividamento. Benjamin C. Esty faz uma excelente análise desta questão em "The Economic Motivations for Using Project Finance", Harvard Business School, 14 de fevereiro de 2003: 1-42.

estruturado. Em seguida, serão identificados e discutidos os participantes e fornecedores envolvidos no financiamento de projectos. Na categoria das grandes empresas independentes, será identificado um conjunto de amostras, que serão depois analisadas para determinar o impacto das despesas no retorno do investimento (ROI), no rendimento dos dividendos e no preço das acções. A investigação mostrará que um investimento de capital maior, mas não excessivo, em relação aos concorrentes tende a maximizar a riqueza dos acionistas e a aumentar as rendas das empresas. Investigaremos a forma como as futuras transacções de financiamento de projectos devem ser estruturadas para minimizar o risco empresarial e maximizar os rendimentos. Serão avaliadas duas formas principais, incluindo a titularização de fluxos de caixa futuros e obrigações de dívida colateralizadas. Finalmente, será analisado um projeto de desenvolvimento de campo em curso em Moçambique para compreender como estes quadros teóricos podem ser melhor aplicados na indústria. Este estudo de caso demonstrará como as grandes empresas independentes podem utilizar o financiamento estruturado de projectos para expandir a sua presença operacional e aproveitar as oportunidades internacionais. As conclusões e recomendações para os grandes produtores independentes de petróleo e gás serão apresentadas na parte final da análise.

2 Panorama do financiamento de projectos

Por definição, o financiamento de projectos é "a concessão de crédito para financiar uma unidade económica cujos fluxos de caixa futuros servem de garantia para o empréstimo" (Culp & Forrester, 2010). (Culp & Forrester, 2010) O critério fundamental é a independência da unidade económica que permite que os fluxos de receitas futuras sejam rentabilizados para construir, possuir e explorar um conjunto de activos ligados ou "circunscritos". Para as empresas de petróleo e gás, a criação de um plano de desenvolvimento de campo é o mecanismo para descrever a forma como estes activos serão valorizados e capturados. Dada a importância do plano de desenvolvimento do campo, vale a pena analisar mais pormenorizadamente o contributo e a abordagem geral para o desenvolvimento deste documento.

A geologia e a geofísica, a gestão dos reservatórios, a tecnologia de perfuração e de completação, as estratégias de produção, o dimensionamento e as soluções das instalações, as infra-estruturas e o transporte para o mercado devem ser tidos em conta na elaboração do plano de desenvolvimento do campo. (Romundstad, Meisingset, Forde, Krasova, & Tresselt, 2013) A empresa de E&P deve ter em conta os riscos geológicos ao avaliar a probabilidade de presença de hidrocarbonetos, bem como os riscos volumétricos ao calcular as reservas. Exemplos de riscos volumétricos incluem a área de superfície, a espessura da zona produtiva, a porosidade, a saturação de água e os factores de recuperação. Estas duas avaliações de risco são utilizadas para determinar o valor monetário estimado e, em última análise, a decisão de explorar um depósito. As fases convencionais do processo de desenvolvimento de um campo começam com a perfuração de avaliação, que confirma o modelo de reservatório que foi desenvolvido. Este modelo é então transmitido à engenharia como base para a revisão e seleção de conceitos. As despesas de capital para estes diferentes cenários são estimadas e depois utilizadas como base para a avaliação económica.

Um plano de desenvolvimento de campo típico inclui as seguintes secções:

1. Informações sobre a geologia e o reservatório

a. Hidrocarbonetos no local

b. Volumes

c. Desenvolvimento e gestão de reservatórios

2. Sítio de desenvolvimento
3. Calendário e aprovações do projeto
4. Resumo da atividade e factores determinantes
5. Abandonar
6. Resumo dos regulamentos no domínio
7. Previsões de produção
8. Perfuração e completação de desenvolvimento
9. Engenharia de instalações
10. Química da produção e garantia de fluxo
11. Plano de marketing
12. Plano de exploração e manutenção
13. Plano de conteúdo local (se aplicável)

Depois de a empresa ter identificado estes activos como parte do plano de desenvolvimento do campo, o primeiro passo é criar um Veículo de Finalidade Especial (SPV), que é discutido nas secções seguintes. Em seguida, a empresa prepara um memorando de licitação que explica a experiência do(s) patrocinador(es) do projeto, a experiência dos principais participantes no projeto (empreiteiro, vendedor, fornecedores, compradores de derivados, etc.), informações sobre o governo anfitrião, descrições de acordos comerciais, riscos do projeto e estratégias de mitigação, termos de financiamento propostos, orçamento de construção e projecções financeiras (Fight, 2006). (Fight, 2006)

Uma parte importante deste documento é a secção relativa ao montante da dívida ou à utilização das receitas, que descreve o montante e o tipo de dívida necessários para desenvolver, executar e explorar o investimento de capital. Como será discutido mais adiante neste ensaio, o nível adequado de dívida do projeto em relação à capitalização de mercado da empresa deve ser uma consideração fundamental para potenciais credores e financiadores.

Uma vez concluída com êxito a instrução, os participantes no projeto redigem e assinam uma série de contratos. Os acordos de pré-desenvolvimento podem incluir, mas não se limitam a, acordos de licença e concessão, acordos de engenharia/adjudicação/instalação/construção (EPIC), gestão adicional, caução do empreiteiro e acordos de operação e manutenção. Os contratos de licença e concessão definirão os requisitos de E&P da SPE, bem como as disposições comerciais relativas a força maior e rescisão. O acordo é muito importante para os mutuantes que pretendem avaliar a capacidade de influenciar o(s) promotor(es) do projeto numa joint venture ou num acordo de farm-in/farm-out em que é provável que existam vários participantes no projeto com diferentes níveis de influência. Os acordos EPIC relativos ao âmbito do trabalho a realizar devem ser utilizados para garantir que os objectivos de financiamento do projeto podem ser implementados durante o planeamento e a entrega do ativo. Os acordos de gestão suplementares são úteis em projectos em que uma entidade pode ser responsável pela coordenação de vários outros participantes no projeto. Os acordos de caução de empreiteiros são utilizados para garantir o desempenho de empreiteiros, fornecedores e vendedores. Os acordos de operação e manutenção podem incluir acordos de venda ou compra, também conhecidos como contratos take-or-pay, e são frequentemente necessários para garantir o investimento. [2]Uma vez que estes e outros acordos

---

As garantias são semelhantes às declarações, mas podem ser aplicadas como

tenham sido executados com sucesso, os acordos de financiamento de projectos podem ser redigidos e incluídos no documento global do acordo de financiamento de projectos. Estes acordos têm normalmente três funções importantes:

1. Assegurar que a empresa do projeto constrói e explora o projeto em conformidade com os pressupostos técnicos e económicos;
2. Avisar previamente o mutuante de quaisquer problemas políticos, financeiros, contratuais ou técnicos;
3. Proteger os privilégios do mutuante até que as obrigações financeiras sejam reembolsadas. (Lutte, 2006)

Como já foi referido, a constituição de uma SPE tem estado estreitamente associada à evolução e ao crescimento do financiamento de projectos e merece um estudo mais aprofundado. As SPE ganharam popularidade na década de 1970, quando as empresas procuraram minimizar o risco financeiro e tirar partido de custos de transação mais baixos. As SPE têm aspectos positivos e negativos. Muitos deles são de natureza fiscal e ultrapassam o âmbito da presente análise. De uma forma geral, pode dizer-se que, embora a organização promotora não assuma a responsabilidade financeira associada a estes investimentos, também não pode reconhecer os benefícios que daí adviriam. Na prática, é criada a entidade extrapatrimonial, sob a forma de sociedade em comandita, sociedade de responsabilidade limitada ou trust, que permite ao organismo promotor realizar uma atividade ou uma série de operações. De acordo com Soroosh e Ciesielski, as SPE têm as seguintes caraterísticas comuns

1. Capitalização limitada ;

---

uma violação do contrato. As garantias são semelhantes às declarações, mas podem ser aplicadas como uma violação do contrato.

2. Sem direção ou empregados independentes;
3. as funções administrativas desempenhadas por um diretor; e
4. Disposições específicas para os serviços de gestão de activos. (Soroosh & Ciesielski, 2004)

A dificuldade de financiar um projeto como uma entidade separada reside no facto de este não ter um historial de exploração no momento da sua criação. No caso da indústria do petróleo e do gás, podem ser utilizados dados de campos e áreas relacionados para avaliar a exequibilidade técnica e a viabilidade económica do ativo, mas, como muitos estudos demonstraram, mesmo os reservatórios adjacentes têm litologia, porosidade e permeabilidade diferentes. Este risco de incerteza será analisado em mais pormenor quando se discutir os benefícios do financiamento de projectos. Como escreve Finnerty, há pelo menos cinco factores que devem ser considerados ( ) para determinar a conveniência do financiamento de projectos:

1. Requisitos de crédito do mutuante com base na rendibilidade esperada e no apoio indireto de terceiros ;
2. Implicações fiscais da proposta de distribuição de fundos entre as partes interessadas ;
3. Impacto do projeto nos acordos que regem as obrigações de dívida existentes dos promotores ;
4. os requisitos legais ou regulamentares do projeto; e
5. Tratamento contabilístico das obrigações de projeto e dos acordos comerciais. (Finnerty, 1996)

Embora a primeira transação de projectos de petróleo e gás registada tenha ocorrido na década de 1930, foi a adoção generalizada de SPE nas décadas de 1970 e 1980 que funcionou como catalisador no sector. Entre os exemplos de sucesso contam-se os projectos de E&P no Mar do Norte e na plataforma de gás do Noroeste da Austrália (Culp & Forrester, 2010). (Culp &

Forrester, 2010) Outro exemplo frequentemente citado de financiamento de projectos bem sucedido é o projeto do campo petrolífero de Hibernia, em que a Chevron Oil, a Columbia Gas System, a Gulf Canada, a Mobil Oil of Canada e a Petro-Canada formaram uma parceria conjunta para desenvolver um grande campo petrolífero ao largo da costa da Terra Nova. O projeto foi lançado em 1988, com um custo de 4,1 mil milhões de dólares, e provou ser o poço de petróleo mais prolífico do Canadá. (Hibernia, 2012) Ao descrever o acordo de financiamento do projeto, um autor observou que "o projeto era demasiado grande e arriscado para que qualquer um dos parceiros pudesse prudentemente empreender sozinho" (Finnerty, 1996). (Finnerty, 1996) No futuro, prevê-se que os projectos de petróleo e gás se tornem cada vez mais complexos e de capital intensivo. Para que as grandes empresas independentes criem uma vantagem competitiva, ao mesmo tempo que concorrem com as grandes empresas integradas do sector do petróleo e do gás para obterem concessões, terão de recorrer ao financiamento de projectos e a acordos de empresas comuns para assegurar uma substituição adequada das reservas.

Vantagens do financiamento estruturado

Tendo apresentado uma panorâmica geral do financiamento de projectos, incluindo algumas utilizações históricas para a indústria do petróleo e do gás, é conveniente delinear os benefícios do financiamento estruturado de projectos. [3]Ao compreender os benefícios globais de uma tal abordagem ao

---

[3] Para este teste, partiremos do princípio de que todos os financiamentos de projectos são garantidos. Os empréstimos não garantidos exigem a penhora negativa de activos (por exemplo, rácios de cobertura) para evitar que activos líquidos e valiosos sejam penhorados a uma entidade terceira antes do credor não garantido. Uma vez que a SPE será provavelmente uma nova entidade

financiamento, podemos avaliar as alternativas à luz dos custos acrescidos que são frequentemente incorridos quando se recorre ao financiamento de projectos. Embora o cálculo das taxas de juro esteja fora do âmbito deste tratado, vale a pena notar que o financiamento de projectos resulta frequentemente em custos acrescidos devido ao tempo gasto na elaboração de documentos de empréstimo complexos, ao aumento da cobertura de seguros, aos custos associados à contratação de peritos técnicos para monitorizar o progresso do projeto e o cumprimento dos acordos de empréstimo, bem como às taxas de empréstimo para riscos adicionais (Fight, 2006). (Fight, 2006) No entanto, existem quatro razões para recorrer ao financiamento de projectos.

Como vimos no exemplo da Hibernia, o financiamento de projectos permite que uma empresa realize investimentos com um perfil de risco mais elevado do que seria aceitável de outra forma. Os investimentos realizados por grandes empresas independentes são frequentemente regidos por um processo de revisão faseado, com determinados limiares económicos para passar à fase seguinte. Muitas vezes, os gestores de projectos ou os analistas tentam "jogar o jogo" inflacionando as taxas de desconto ou utilizando projecções de fluxos de caixa deterministas. Um estudo da McKinsey & Company concluiu que acrescentar apenas três pontos percentuais a um custo de capital de oito por cento pode reduzir o valor atual líquido em trinta a quarenta por cento ao longo da vida do projeto. (Davies, Goedhart, & Koller, 2012) Outra falha comum na avaliação de projectos de petróleo e gás resulta da utilização de taxas de desconto únicas para todos os potenciais investimentos. Como refere um autor, "a utilização da mesma taxa de desconto para todos os investimentos implica que todos os projectos apresentam o mesmo risco - mas não é esse o caso".

---

sem histórico de crédito, será muito difícil obter financiamento de projectos sem garantia.

(Schulz, agosto de 2012) Não existem dois poços, mesmo no mesmo campo ou zona, com produção idêntica e consequentes curvas de declínio.

O problema da análise do investimento é ainda mais complicado devido à incerteza dos preços futuros dos produtos, ao ambiente regulamentar e a outros factores. Por exemplo, o desvio-padrão mensal do petróleo é de 9% e tende a seguir um percurso aleatório (Schulz, agosto de 2012). Na maior parte das vezes, o potencial de cancelamento do projeto devido a flutuações não cobertas dos preços dos produtos de base também não é tido em conta. Embora se possa encontrar alguma utilização do modelo de opções reais Black Scholes em vários projectos no sector mineiro, a prevalência desta abordagem na literatura financeira do petróleo e do gás é mais limitada.[4] A questão não é que a análise de investimento não deva ser utilizada na avaliação de projectos de investimento. Pelo contrário, a avaliação, a modelização económica e a análise ambiental são importantes para garantir que as carteiras de capital das empresas independentes sejam adequadamente estruturadas e diversificadas. No entanto, estes cálculos podem ser subjectivos e facilmente manipulados. Dado que será utilizada uma SPE para financiar o ativo, é de esperar que um diálogo mais honesto e aberto entre as várias partes interessadas no projeto assegure que as projecções e os riscos futuros sejam considerados de forma holística.

Em segundo lugar, o financiamento de projectos pode ser utilizado para contrariar os efeitos negativos do subinvestimento. Como o estudo demonstrará, esta tendência conduz a uma redução do valor para os acionistas e à perda de oportunidades de melhorar a substituição das reservas. O financiamento estruturado de projectos permite que os activos, os passivos e os

---

r t) N (d2). Ver Ken He, "Real Options Application in Project Evaluation Practice", Cost Engineering, Vol. 49/No. 8 (agosto de 2007): 16-19.

documentos comerciais conexos sejam autonomizados ( ), protegendo os outros activos da empresa em caso de fracasso do projeto. Numa apresentação à comunidade de gestão de projectos, Edward Merrow, CEO da Independent Project Analysis, observou que dois terços de todos os projectos superiores a mil milhões de dólares não cumprirão os objectivos de prazo, orçamento ou produção (Merrow, abril de 2011). (Merrow, abril de 2011) Os CFO podem utilizar o financiamento de projectos para se protegerem contra estes riscos de investimento muito prováveis.

O financiamento de projectos permite que as organizações obtenham capital adicional, preservando a sua capacidade de endividamento para outros investimentos. Esta terceira vantagem permite que as empresas utilizem as linhas de crédito existentes e o fluxo de caixa livre para financiar investimentos normais e de menor risco, aproveitando simultaneamente oportunidades de investimento significativas através de estratégias de investimento alternativas. Um estudo de Weijermans e Watson sobre a gestão eficaz da dívida e do capital próprio das empresas de gás natural não convencional concluiu que os rácios da dívida superiores a 0,5 são frequentemente considerados demasiado elevados e arriscados. O rácio médio para os vinte principais operadores de gás dos EUA e do Canadá foi de 0,74. Este valor é excecionalmente elevado, considerando que o rácio médio da dívida em relação ao capital próprio das cinco maiores empresas de petróleo e gás do mundo (Exxon, Chevron, Shell, BP e Total) era de 0,22 no final do primeiro trimestre de 2010. É evidente que os principais produtores de E&P devem continuar a procurar oportunidades de substituição de reservas, reduzindo simultaneamente os rácios de endividamento. O financiamento de projectos é uma forma de implementar esta estratégia.

Em quarto lugar, os bancos retiram benefícios consideráveis do financiamento de projectos e, desde que os riscos sejam devidamente geridos e controlados, estão interessados em utilizar esta abordagem com os seus clientes de exploração e produção. Já mencionámos as comissões mais elevadas geradas pelo financiamento de projectos, mas um estudo da McKinsey & Company demonstrou que esta abordagem também gera rendimentos mais elevados. Em comparação com o financiamento alavancado, os empréstimos sindicados e os empréstimos bilaterais para grandes empresas, o financiamento de projectos gerou uma rendibilidade do capital próprio antes de impostos 40% superior, após o custo do risco e excluindo os pagamentos bilaterais. (Hansen, Huhn, Legrand, Steiners, & Vahlenkamp, 2009) Melhorar a utilização de fundos externos para além da média do sector de 21,1% permitirá às grandes empresas independentes resolver o problema das despesas de capital discutido na introdução.

O financiamento de projectos oferece vantagens consideráveis às empresas de exploração e produção. As empresas podem participar em projectos mais arriscados e potencialmente mais rentáveis. Os activos e os passivos podem ser autonomizados, proporcionando uma proteção para a organização patrocinadora. A capacidade de endividamento pode ser preservada para investimentos tradicionais e menos arriscados. Os bancos e outras instituições financeiras estão interessados em participar em operações de financiamento de projectos devido às comissões e rendimentos mais elevados que recebem. Esta estratégia parece ter benefícios ilimitados para todas as partes mas, como veremos mais adiante, não está a ser explorada pelas grandes empresas independentes para criar uma vantagem competitiva sustentável.

Participantes e prestadores de serviços

Embora o IPAA distinga três categorias de empresas independentes, nomeadamente pequenas, médias e grandes, é a última que é objeto da análise. Cada uma das empresas analisadas opera ao abrigo do código 211111 do Sistema Norte-Americano de Classificação da Indústria (NAICS) para a extração de petróleo bruto e gás natural, e tem também operações internacionais. As grandes empresas independentes têm uma produção média diária de 4.000 barris brutos (10.000 barris líquidos) para líquidos e 500.000 pés cúbicos brutos (255.000 pés cúbicos líquidos) para gás. Cinquenta por cento destas empresas têm operações internacionais e dez por cento das reservas globais estão localizadas fora da América do Norte.

De acordo com uma publicação destinada aos investidores, os analistas utilizam quatro parâmetros financeiros para avaliar a saúde das empresas independentes. Os fluxos de caixa actuais e potenciais de uma empresa permitem-lhe capitalizar as oportunidades de investimento para atenuar os declínios de produção. O segundo indicador, a capitalização total antes do EBITDAX (lucros antes de juros, impostos, depreciação, amortização e despesas de exploração), é um rácio ajustado à dívida que tem em conta o fluxo de caixa não alavancado da empresa. Um terceiro rácio, a rendibilidade do investimento em ciclo completo, também conhecido como valor líquido dos activos (NAV), mostra quais as acções que podem estar subvalorizadas ou sobrevalorizadas. O preço das acções com base no valor de desagregação ou no valor líquido estimado permite aos analistas identificar empresas que negoceiam com um desconto em relação ao valor derivado de um relatório de engenharia independente. (Oil and Gas Investor, outono de 2012) De um modo geral, estas medidas tendem a centrar-se na capacidade da empresa para utilizar o capital de forma eficiente. Esta abordagem, que o ensaio considera como intensidade de capital, será o tema da próxima secção.

Todas as empresas da amostra estão sediadas nos Estados Unidos, estão cotadas na Bolsa de Valores de Nova Iorque e têm uma capitalização bolsista inferior a 40 mil milhões de dólares. As empresas específicas incluídas neste estudo são a Anadarko Petroleum Corporation (APC), a Apache Corporation (APA), a Hess Corporation (HES), a Marathon Oil Corporation (MRO) e a Noble Energy (NBL). A média das despesas de capital das empresas acima referidas nos últimos cinco anos, tal como consta dos respectivos registos 10k, foi de 4,4 mil milhões de dólares, com uma capitalização bolsista média de 24,4 mil milhões de dólares.

Para além destes produtores de petróleo e gás, que geralmente actuam como promotores de projectos para os grandes investimentos realizados pelas suas SPE, há outros participantes que devem ser considerados. Entre estes contam-se as companhias de seguros e várias entidades financeiras. As companhias de seguros estão frequentemente envolvidas em grandes projectos de investimento devido aos riscos associados à realização do projeto, como o cumprimento de prazos, orçamentos e especificações técnicas, bem como à exploração - depreciação de activos, custos de exploração imprevistos, conflitos laborais, etc. - durante a vida do projeto. - durante o período de vida do projeto. Esta pequena comunidade inclui a Lloyd's of London, a American International Underwriters, a Unistat Assurance e a Citicorp International Trade Indemnity. Em alguns casos, as organizações de seguros podem desempenhar um papel tão importante que se tornam co-patrocinadores de facto ou de jure do projeto. (Culp & Forrester, 2010) Estas organizações fornecem frequentemente garantias e/ou cauções aos contratantes e aos fornecedores de crédito, bem como apoio financeiro à SPE do projeto.

O financiamento pode provir do sector privado ou de muitas empresas patrocinadas pelo Estado. Os fundos do sector privado podem ser divididos em três categorias: capital próprio, empréstimos bancários comerciais e outros instrumentos de dívida. Os investidores em capital próprio são candidatos residuais e, normalmente, não representam mais de 30% do financiamento total do projeto. Quando o promotor do projeto não dispõe de activos suficientes para cumprir os vários requisitos do rácio de alavancagem, o projeto pode oferecer acções preferenciais a investidores externos, que lhes dão direito a dividendos ou outros direitos específicos. Os bancos comerciais são uma opção mais popular, representando normalmente até 100% dos fundos durante a fase de pré-conclusão e 50% durante a fase de exploração. (Culp & Forrester, 2010) A titularização de fluxo livre, discutida numa secção posterior, é o principal mecanismo de garantia para este tipo de dívida. O terceiro tipo de financiamento do sector privado é constituído por outros instrumentos de dívida sob a forma de papel comercial de curto prazo, notas de médio prazo e obrigações. Historicamente, estes têm assumido a forma de obrigações convertíveis de taxa fixa ou variável ou de euro-obrigações, mas as obrigações de dívida colateralizada (CDO) surgiram como um veículo alternativo de investimento em dívida, que será explorado em mais pormenor nas secções anteriores.

Nos projectos internacionais de E&P, as entidades patrocinadas pelo Estado também desempenham um papel importante no financiamento dos projectos. [5]Trata-se, nomeadamente, do Banco Mundial, da Sociedade Financeira Internacional, do Fundo Monetário Internacional, de vários bancos de desenvolvimento regional e de várias agências de crédito à exportação. Estas organizações ( ) podem garantir um determinado volume de compras de produtos através da celebração direta de acordos de venda ou da concessão

[5] Entre os exemplos de bancos de desenvolvimento regional contam-se, entre outros, a Export Finance and Insurance Corporation (Austrália), a Export Development Corporation (Canadá), o Export Import Bank of Japan, o Export Import Bank of Korea, o Export Credit Guarantee Department (Reino Unido) e o Export Import Bank (Estados Unidos).

de subsídios a terceiros. Mais importante ainda, estas entidades ajudam a atenuar o risco político de apropriação, incumprimento ou acções monetárias adversas. Esta é uma consideração importante para as grandes empresas independentes que citam a incerteza política (33,3%) como o principal fator de dissuasão do investimento internacional. No início de 1991, a Marathon Oil formou um consórcio que incluía a McDermott, a Mitsui, a Shell e a Federação Russa para desenvolver o campo de Sakhalin, incluindo operações de perfuração e produção e uma instalação de GNL. Para proteger ainda mais a participação de 37,5% da Marathon no projeto de 10 mil milhões de dólares, a direção da empresa contactou o Banco Europeu para a Reconstrução e o Desenvolvimento (BERD) e o Banco Europeu de Investimento (BEI).

Desenvolvimento e o Banco de Exportação-Importação do Japão. Quando a Federação Russa não cumpria as regras, estas entidades patrocinadas pelo governo forneciam uma alavanca internacional para garantir o sucesso comercial.

3 Intensidade da dívida e do capital dos projectos

Como muitos se lembram dos cursos introdutórios de finanças, os projectos que não tenham um VAL ou uma TIR positiva acima do custo médio ponderado do capital (WACC) devem ser rejeitados, uma vez que não acrescentam valor à empresa. Ao considerar vários investimentos como parte da carteira de capital de uma empresa, a McKinsey & Company recomenda que se comece por alinhar a afetação de capital com a estratégia. Escrevem: "[Se] uma empresa não sabe em que actividades quer competir a curto, médio e longo prazo, tem poucas orientações sobre a forma como deve afetar o seu capital". (Hansen, Huhn, Legrand, Steiners, & Vahlenkamp, 2009) Todos os projectos são então avaliados numa base económica e classificados de acordo com parâmetros rigorosamente definidos. Com base na classificação global de um projeto e no orçamento total de investimento da empresa, os investimentos que geram as receitas de aluguer mais elevadas são prosseguidos em primeiro lugar, seguidos de projectos com um impacto financeiro menor. Se todos os outros factores se mantiverem constantes, os projectos planeados e executados com sucesso, que utilizam ferramentas e sistemas de monitorização contínua, maximizam o retorno para os acionistas.

No entanto, o impacto da intensidade de capital no crescimento de uma empresa não é frequentemente tido em conta. Por outras palavras, será que a empresa está a investir capital suficiente em comparação com os seus concorrentes? Um estudo recente da Dahlman Rose & Company Research revelou um aumento médio de 9,6% nas despesas de capital de produtores independentes selecionados entre 2011 e 2012 (Oil and Gas Investor, outono de 2012). (Oil and Gas Investor, outono de 2012) Para os grandes produtores independentes acima referidos que estão a acompanhar o ritmo dos seus concorrentes, será que este maior investimento se traduz numa maior maximização da riqueza dos acionistas? Mais especificamente, este aumento das despesas de capital conduziu a uma valorização do preço das acções ou a um aumento dos dividendos por ação? A compreensão das respostas a estas perguntas permitirá aos profissionais do financiamento de projectos avaliar e resolver se a empresa está a investir pouco ou demasiado. Quando são necessários fundos adicionais e é necessário ter em conta os rácios da dívida, o financiamento de projectos deve ser considerado como uma opção para atingir os objectivos de investimento.

Se considerarmos a capitalização de mercado, definida como o valor total de mercado em dólares das acções em circulação de uma empresa e apresentada no Anexo A, podemos ver que a dimensão média das grandes empresas independentes é de 24,4 mil milhões de dólares, com um intervalo de 15,9 mil milhões de dólares entre a empresa mais capitalizada (Anadarko Petroleum Corporation) e a menos capitalizada (Noble Energy). Entre o nosso grupo de pares, o EBIT, que representa a rentabilidade da empresa antes da aplicação de itens não monetários, foi de 3,1 mil milhões de dólares, com um lucro operacional líquido médio após impostos (NOPAT) de 1,7 mil milhões de dólares. As despesas de capital, tal como constam dos registos anuais 10k da empresa, foram em média de 4,4 mil milhões de dólares, ou 19,55% da capitalização de mercado durante o período de cinco anos. Das cinco empresas avaliadas, a Hess Corporation teve a despesa de capital global mais elevada em percentagem da capitalização bolsista, com 27,83%, enquanto a Noble Energy teve uma percentagem inferior, com 13,54%. A intensidade média de capex, definida como o EBIT médio de cinco anos da empresa dividido pelo capex anual médio, foi de 66,24%, com diferenças significativas entre as empresas com a classificação mais elevada e a mais baixa. No grupo de comparação, a Marathon Oil obteve a pontuação global mais elevada (101,48%), mas não registou o maior aumento na valorização do preço das acções. A Noble Energy, por outro lado, teve a pontuação mais baixa de intensidade de capital (44,04%), mas a segunda maior **valorização do preço das acções.**

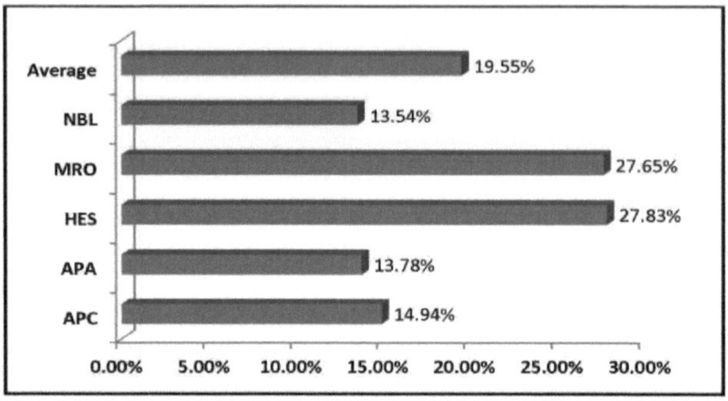

Figura 1: Despesas de capital médias ao longo de 5 anos / % da capitalização bolsista

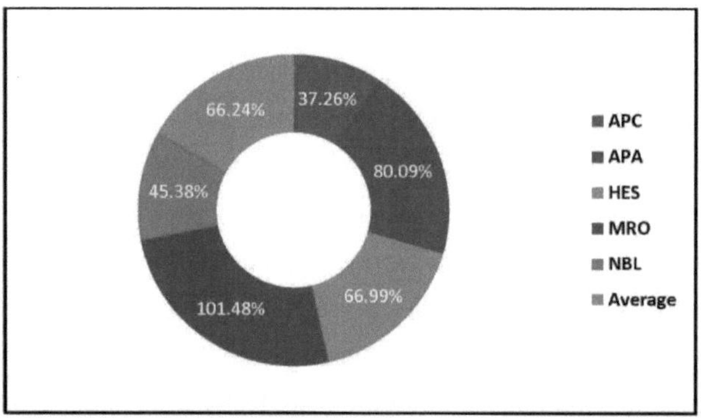

Figura 2: Intensidade média das despesas de capital ao longo de 5 anos

Tal como sugerido anteriormente, a análise das estratégias de afetação de capital das principais empresas independentes deve também incluir um exame do impacto positivo ou negativo desses investimentos. Embora possam ser utilizados vários factores para a medição, incluindo, entre outros, as substituições do rácio de reservas, os recursos de exploração descobertos ou os custos por barril de petróleo equivalente, a análise centrar-se-á em três elementos básicos de uma estratégia de afetação de capital. Mantendo os factores macroeconómicos constantes, até que ponto o ROCE da empresa foi influenciado pela intensidade de capital da carteira? Em segundo lugar, o montante de capital investido traduziu-se numa melhoria dos dividendos por ação ordinária? Por último, qual foi o efeito do investimento de capital na cotação média das acções da empresa ao longo de cinco anos?

O ROCE é uma boa medida de rendibilidade para as empresas em sectores de capital intensivo e permite ao analista examinar o impacto do investimento de capital no NOPAT. Valores mais elevados de rendibilidade do capital investido sugerem que a empresa está mais apta a tirar partido do investimento de capital para melhorar o desempenho global. Entre as cinco empresas da nossa amostra, o ROCE médio entre 2007 e 2011 foi de 37,64%. A Marathon Oil registou o ROCE mais elevado (54,73%), enquanto a Anadarko Petroleum registou o mais baixo (21,58%). Os dados são algo surpreendentes, na medida em que apenas duas empresas, a Marathon Oil e a Apache, excederam o ROCE médio de cinco anos durante o período de avaliação. Se analisarmos a média das restantes três empresas, verificamos que o seu ROCE médio de 29,42% está muito abaixo da média das empresas da amostra. A diferença de cerca de 8% sugere que existe uma disparidade significativa entre as empresas com melhor e pior desempenho.

Como mostra a figura abaixo, o dividendo médio para o mesmo período foi de 0,58, sendo a Marathon Oil e a Hess Corporation as empresas com a classificação mais elevada e mais baixa, respetivamente. Tal como acontece com o ROCE, a diferença entre os dividendos é significativa, com uma diferença de $0,61 entre as empresas com a classificação mais elevada e a mais baixa. Estas estatísticas são também muito significativas quando consideramos o valor que os investidores atribuem à capacidade de um produtor independente para gerar um fluxo de caixa livre substancial e pagar dividendos regulares aos acionistas.

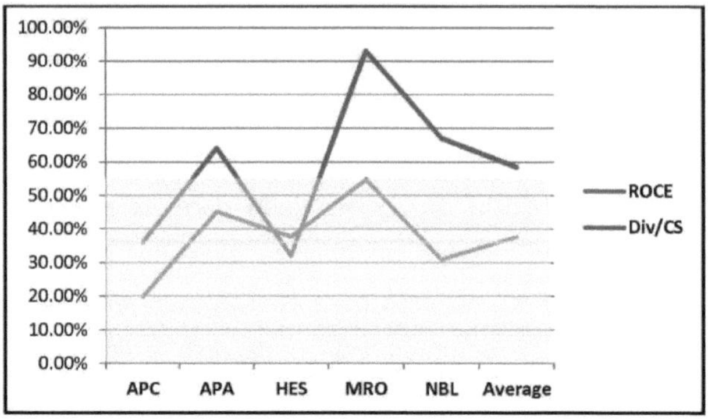

Figura 3: ROCE médio ao longo de 5 anos e dividendos por ação

No âmbito deste estudo, foram igualmente analisadas as cotações médias a cinco anos das acções das cinco empresas. Contrariamente às informações sobre o ROCE e os dividendos por ação ordinária, a empresa com pior desempenho é a Marathon Oil, cuja cotação desceu 17,48 dólares durante o período considerado. Esta anomalia será analisada mais pormenorizadamente nos parágrafos seguintes. A Apache Corporation registou a maior valorização das acções, com 45,79 dólares, o que representa um aumento de 154% em relação à variação média das acções, que foi de 18,02 dólares. Duas outras empresas, a Noble Energy e a Hess Corporation, também registaram rendibilidades acima da média.

Foi analisada a média de cinco anos do ROCE, dos dividendos por ação e do preço das acções de cinco grandes produtores independentes. Com base na informação disponível apresentada abaixo, verificamos que, durante este período, apenas uma empresa, a Apache Corporation, ultrapassou a média do ROCE, dos dividendos por ação e do desempenho do preço das acções. A

Marathon Oil obteve um melhor ROCE e dividendos, mas sofreu um ajustamento negativo do preço das acções durante o período. A Noble Energy teve um desempenho superior em pelo menos duas das categorias avaliadas, enquanto a Hess Corporation teve um desempenho superior apenas em relação ao movimento do preço das acções. A Anadarko não ultrapassou os valores médios medidos em nenhuma das três categorias durante o período de cinco anos abrangido pelo sítio. Depois de analisar as informações disponíveis, que conclusões podem ser tiradas sobre a carteira de investimentos da empresa como fator da sua capitalização bolsista global e dos seus objectivos de crescimento? Como é que esta informação pode influenciar futuras decisões de investimento?

CAPEX % / Capitalização bolsista		**Intensidade de investimento**	**RCI**	**Div/CS**	**Variação do preço das acções ao longo de 5 anos**	A **Sobreinvestimento / Subinvestimento**
APC	14.94%	37.26%	19.77%	0.36	17.02	-$1,619,140,546
APA	13.78%	80.09%	45.21%	0.64	45.79	-$2,008,417,901
HES	27.83%	66.99%	37.61%	0.32	20.76	$1,394,562,289
MRO	27.65%	101.48%	54.73%	0.93	-17.48	$1,547,942,484
LNB	13.54%	45.38%	30.88%	0.67	24.01	-$960,357,007
Média	19.55%	66.24%	37.64%	0.58	18.02	-$329,082,136

Nota: Os destaques indicam um desempenho acima da média.

Figura 4: Comparação do desempenho ao longo de 5 anos

Embora os dados sugiram que gastar mais do que a percentagem média do investimento de capital em relação à capitalização bolsista é uma boa estratégia, os dados sugerem que existe apenas uma fraca correlação entre o montante global das despesas e os rendimentos para os acionistas. A Hess

Corporation gastou, em média, mais 8,28% por ano em investimento de capital do que a média das empresas do grupo de pares. A Marathon Oil gastou uma média de 27,65% da capitalização bolsista, mas registou um declínio geral do preço das acções durante o mesmo período. Em termos de contabilização das despesas de capital, um analista observou que "[s]ó alguns operadores utilizam a contabilidade do esforço bem sucedido, segundo a qual gastam - ou deduzem dos ganhos - os custos de exploração no ano em que ocorrem; os que utilizam a contabilidade do custo total, por outro lado, capitalizam totalmente e depois amortizam os seus custos de exploração nos anos futuros. "Em vez de considerar a carteira de capital de uma empresa como uma função da sua capitalização bolsista global, os dados sugerem que a intensidade das despesas de capital, que é definida como o efeito residual do emprego de capital após o EBIT, é um melhor indicador do desempenho fiscal de uma organização.

Se todos os outros factores de risco forem iguais, quando a pontuação da intensidade do investimento se situa dentro de +/- 20% da pontuação média das empresas avaliadas, podemos esperar um melhor desempenho fiscal com menos dinheiro investido. Nos casos em que se considera que a empresa está a investir demasiado ou pouco, o ROCE, o C/S ou o preço das acções são penalizados em conformidade. Por exemplo, a Marathon Oil obteve resultados mais elevados em termos de percentagem de despesas de capital e de intensidade global de capital. Durante o período em análise, o ROCE e o C/S foram superiores à média, mas tal foi compensado por uma redução significativa do preço das acções, como mostra o gráfico abaixo. Isto sugere que os acionistas e investidores consideraram que a empresa gastou pelo menos 1,5 milhões de dólares por ano durante este período. Por outro lado, a Anadarko Corporation subinvestiu 5,69%, ou seja, 2 milhões de dólares por ano, durante o mesmo período. As afectações de capital das empresas produziram resultados abaixo da média nas três categorias avaliadas. Três empresas, a Apache, a Hess e a Noble Energy, utilizaram todas a intensidade de capital dentro do intervalo indicado e viram o preço médio das suas acções aumentar em 30,19 dólares durante o período de cinco anos medido.

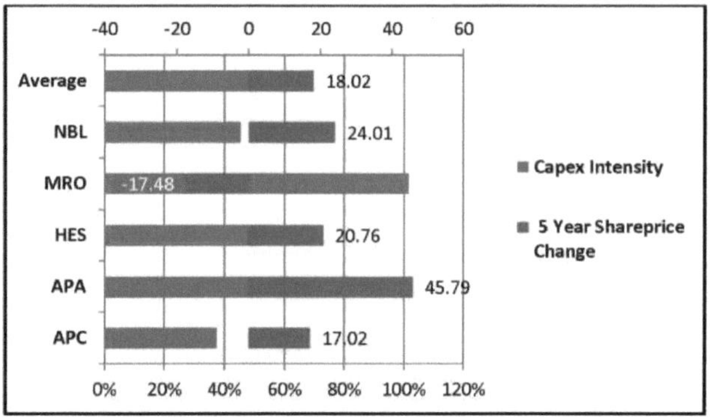

Figura 5: Efeito da intensidade do investimento no preço médio das acções ao longo de 5 anos

Se, portanto, aceitarmos a hipótese de que uma intensidade de despesas de capital superior a 65% é desejável para otimizar as rendas da empresa, então é útil identificar grandes investimentos que criem valor a longo prazo para a organização e que proporcionem o melhor formato de investimento para a utilização de financiamento estruturado de projectos. No seu conjunto, esta abordagem permitirá resolver o problema do subinvestimento na empresa que impede os acionistas de obterem rendimentos positivos. Ao analisar as duas principais abordagens ao financiamento estruturado de projectos, nomeadamente a titularização de fluxos futuros e as CDO de financiamento de projectos, podemos isolar melhor as caraterísticas comerciais comuns que devem ser incorporadas em todas as transacções futuras. Antes de prosseguir, convém notar que os pagamentos volumétricos à produção (VPP), que servem de mecanismo de compra de contratos a prazo longos, não serão considerados nesta análise. Esta abordagem foi excluída por uma série de razões.

Em primeiro lugar, a compra de uma mercadoria para entrega futura a um preço fixo, pago no início da transação, é uma forma de transação a prazo. Como veremos, trata-se menos de uma estratégia global de investimento de capital do que de um mecanismo de cobertura que deve ser considerado nas operações de titularização de fluxos futuros ou de CDO de financiamento de projectos, a fim de minimizar a exposição ao risco do promotor do projeto, do subscritor, do mutuante comercial ou do organismo patrocinado pelo Estado. Do ponto de vista contabilístico e fiscal, esta troca financeira é tratada como uma transação de derivados que deve ser avaliada numa base agregada para determinar o ganho ou a perda financeira líquida. Em segundo lugar, as transacções VPP incluem quase sempre uma componente "off-take", segundo a qual o comprador ou a SPE deve vender o ativo quando este é entregue. (Culp & Forrester, 2010) Para esta análise, partiremos do princípio de que um acordo de "off-take" é um pré-requisito para a celebração de um acordo de financiamento de projectos. Enquanto as grandes empresas integradas do sector do petróleo e do gás podem dispor de reservas de capital suficientes para participar em operações de financiamento de projectos sem tais acordos, os grandes produtores independentes estão limitados pelos requisitos de fluxo de caixa livre e pela capacidade de acumular lucros retidos. (Weijermars & Watson, 2011)

4 Primeira opção: titularização de fluxos de caixa futuros

O primeiro método de garantir o financiamento de projectos é através da titularização de fluxos de caixa futuros, o que permite ao promotor do projeto garantir e monetizar os fluxos de receitas futuras do projeto, a fim de obter dinheiro imediato para o investimento. Normalmente, estas titularizações têm maturidades de cinco a dez anos, com uma taxa de juro variável baseada na London Interbank Offered Rate (LIBOR), acrescida de um prémio de risco, dependendo da dimensão e da complexidade do negócio. (Culp & Forrester, 2010) Entre meados da década de 1980 e o final da década de 1990, as notas de exportação garantidas, um tipo de titularização de fluxos de caixa futuros utilizando obrigações, eram instrumentos populares de financiamento de projectos. Em vez de recorrerem a um veículo para fins especiais, estas notas garantidas eram emitidas como obrigações diretas do originador. (Culp & Forrester, 2010) Por este motivo, estes instrumentos perderam popularidade, uma vez que os investidores se sentiram desconfortáveis com a exposição ao risco de crédito do balanço. Para atenuar estes riscos de crédito, os futuros fluxos de rendimento das contas a receber eram então transferidos para uma SPE "à prova de falência", que podia então emitir notas garantidas sem recurso.

A Qatar General Petroleum Corporation (QGPC) começou a utilizar a titularização de fluxos de caixa no final da década de 1990. Depois de analisarem várias transacções de projectos de GNL, Culp e Forrester encontraram várias semelhanças. Os compradores de GNL assinaram contratos de longo prazo para entrega contra os preços do mercado à vista, criando $400 milhões de contas a receber para o projeto SPE que foram transferidos para a QGPC Finance. Para se proteger contra o risco de queda no mercado à vista, a QGPC Finance celebrou um acordo com um swap dealer para pagar preços flutuantes e receber preços fixos. Isto permitiu à SPE converter um fluxo de preços à vista em receitas fixas para o financiamento do projeto. A SPE utilizou então o princípio e os juros destas transacções para financiar um empréstimo de $800 milhões para o projeto. Os créditos de 400 milhões de dólares da QGPC Finance foram utilizados como garantia para uma única classe de certificados que foram vendidos por um subscritor a vários investidores, criando um equivalente em dinheiro para o promotor do projeto. A Ambac Assurance Corporation forneceu um invólucro ou garantia para os certificados, a fim de melhorar a sua notação de crédito para AAA.[6] (Culp & Forrester, 2010)

Em dezembro de 2011, a Qatar Petroleum anunciou com êxito um novo acordo de financiamento de projectos no valor de 10,4 mil milhões de dólares para o seu projeto de gás de Barzan, que inclui muitas caraterísticas dos seus acordos históricos de financiamento de projectos. Trinta por cento do projeto será financiado com capital próprio, enquanto os restantes setenta por cento virão de bancos e agências de crédito à exportação sob a forma de um empréstimo sindicado de 7,2 mil milhões de dólares. O financiamento do projeto é o maior acordo de financiamento de projectos em 2011 e um dos maiores financiamentos de projectos de petróleo e gás alguma vez concluídos. O projeto incluirá instalações de processamento de gás onshore e offshore, bem como duas unidades de venda de gás. Abdulrahman Al- Shaibi, diretor financeiro da QGPC, afirmou: "Apesar das condições de mercado difíceis, conseguimos atrair um grande número de bancos comerciais para o negócio com montantes elevados." (Qatar Petroleum, 2011)

---

[6] Os invólucros (garantias) de projectos de infra-estruturas podem, por vezes, assumir a forma de um swap de risco de incumprimento (CDS), sendo os garantes financeiros considerados como um seguro em caso de incumprimento do ativo subjacente.

Segunda opção: Obrigações de dívida colateralizadas (CDO)

Embora menos popular do que a titularização de fluxos de tesouraria futuros, a utilização crescente de obrigações de dívida garantidas (CDO) de financiamento de projectos para financiar investimentos de capital também merece uma investigação mais aprofundada. Em termos gerais, as CDO de financiamento de projectos funcionam da mesma forma que outros títulos garantidos por activos, com o empréstimo ou a obrigação do projeto a servir de instrumento de subscrição. Permitem que os mutuantes refinanciem sinteticamente as suas carteiras de capital, diversificando a exposição ao risco em diferentes países, tipos de projectos, indústrias e outras categorias. Do ponto de vista do investidor, as CDO para projectos são particularmente úteis, uma vez que facilitam o investimento em determinadas tranches com base na tolerância ao risco e/ou na taxa de rendimento esperada. Se o crédito for reforçado, as CDO podem ser financiadas de forma mais rentável do que as titularizações de fluxos de caixa, devido às maiores oportunidades de arbitragem associadas a estes instrumentos financeiros estruturados.[7] No entanto, esta maior previsibilidade tem algumas desvantagens em comparação com a titularização de fluxos de caixa futuros. Como referem Culp e Forrester, as CDO exigem geralmente que a base de activos cumpra determinados requisitos, como a notação média ponderada, a maturidade e o spread (Culp & Forrester, 2010). Esta estrutura permite que tanto o capital como os juros sejam

[7] As CDO de project finance são frequentemente preferidas em relação a outros tipos de dívida das empresas. A taxa de recuperação é mais elevada e o período de recuperação é mais curto, o que se traduz num custo de emissão mais baixo e cria maiores oportunidades de arbitragem tanto para o investidor como para o mutuante.

distribuídos com base em testes de qualidade das garantias.[8]

Existem pelo menos dois tipos de CDO para o financiamento de projectos: as garantidas por obrigações, também conhecidas por obrigações colateralizadas (CBO), e as garantidas pela utilização de obrigações de empréstimo (CLO). Em ambos os casos, o instrumento financeiro reflecte as obrigações da dívida subjacente ou deve ser trocado para evitar divergências nas taxas de juro. Estas CDO devem ser totalmente financiadas ou detidas por papel comercial, o que exige notações mínimas para os títulos e para a conduta. Se forem totalmente financiadas, a SPE do petróleo e do gás utilizará o dinheiro gerado pelos passivos emitidos para comprar empréstimos que são depois garantidos pelos activos subjacentes, tais como os arrendamentos mineiros ou o equipamento. No caso dos CBO ou dos CLO, os instrumentos de financiamento podem ser sintetizados através da aquisição de proteção de crédito e da utilização desses empréstimos de referência como swaps de risco de incumprimento (CDS).

Historicamente, as CDO de project finance têm sido emitidas quase exclusivamente por mutuantes que pretendem gerir uma carteira de investimentos e reduzir a exposição a determinados factores. De acordo com Culp e Forrester, "não temos conhecimento de CDO de empréstimos para projectos especificamente centrados em empréstimos para projectos de petróleo e gás" (Culp & Forrester, 2010), o que se explica pelas exigências de diversificação impostas aos mutuantes. (Culp & Forrester, 2010) Tal deve-se

[8] Os testes de qualidade das garantias são concebidos por várias agências de notação para garantir que os activos sob gestão são regidos por uma estrutura suficiente. O tipo de cálculo depende da natureza da CDO, mas pode incluir testes de maturidade média ponderada, testes de taxa de recuperação média ponderada ou outros métodos.

aos requisitos de diversificação das CBO ou CLO e à natureza algo monolítica dos projectos de petróleo e gás. As agências de notação atribuem geralmente notações mais baixas às CDO que não são devidamente diversificadas ou que estão demasiado centradas num único sector.

No entanto, alguns produtores independentes de petróleo e gás estão a utilizar muitas das principais caraterísticas dos CDO de financiamento de projectos no âmbito das suas operações nacionais em terra. É por isso que merecem um olhar mais atento. A Jamestown Resources, propriedade de Aubrey McClendon, CEO da filial Chesapeake Energy, utiliza hipotecas garantidas por futuros lucros de poços para obter fundos da EIG Global Energy Partners para financiar novos projectos de desenvolvimento de campos. Em muitos casos, estas hipotecas são agrupadas e transaccionadas de uma forma muito semelhante à estratégia de "traunching" associada às CDO. Tal como acontece com outros tipos de CDO de mercado, o tratamento contabilístico é marcado a mercado, o que permite registar um lucro imediato. Como observou um analista do sector do petróleo e do gás, "é uma situação vantajosa para o Sr. McClendon: a perfuração de um poço lucrativo facilita o reembolso do empréstimo e os lucros do poço vão para a Chesapeake, sediada na cidade de Oklahoma. Se o poço não produzir ou não for perfurado, a única segurança posta em risco é a dos interesses petrolíferos e do gás no condado de Brooke." (Schwartzel & Ponsot, 2012)

Embora a entidade de Jamestown não esteja diretamente associada à Chesapeake Energy, esta estratégia pode ser utilizada por outras grandes empresas independentes que estejam a sofrer uma quebra nas operações e na produção devido à queda dos preços do gás natural, a fim de gerar capital para outros investimentos, como instalações de conversão de gás natural em líquidos (NGL), sistemas de recolha de gás ou fábricas de olefinas. A abordagem seria muito semelhante, na medida em que o promotor do projeto criaria uma SPE com base na delimitação de activos numa determinada bacia ou área de interesse. Estes activos poderiam então ser ajustados ao risco, com base nas regras de informação da SEC para as reservas comprovadas e não comprovadas, e organizados em parcelas correspondentes para emissão a investidores no sector da energia. As tranches teriam de cumprir os requisitos das agências de notação, mas existe uma grande quantidade de dados estatísticos para apoiar essa classificação com base no risco das reservas.

5 Estudo de caso : Moçambique LNG

O exemplo do desenvolvimento de um campo de gás natural liquefeito (GNL) em Moçambique permite uma melhor compreensão do grau de investimento de capital necessário para assegurar o crescimento da empresa, juntamente com uma estratégia de financiamento adequada. Será analisada a informação técnica e financeira disponível para o projeto a partir de fontes públicas, bem como os dados financeiros de cinco anos. Com base nas informações disponíveis, serão examinadas as potenciais estratégias de financiamento. Serão estudadas opções de estruturação específicas e serão tiradas conclusões tanto para este projeto como para outros grandes projectos de GNL semelhantes, que servem de termómetro para outros investimentos semelhantes, uma vez que os acordos de compra proporcionam uma fonte estável de receitas para a monetização da SPE.

De acordo com Jim Hackett, presidente executivo da Anadarko, "este poderá ser um dos maiores campos de gás natural descobertos na última década, com benefícios significativos a longo prazo para Moçambique." (Anadarko, 2012) Em 2006, uma subsidiária da Anadarko assinou um contrato de concessão de E&P de petróleo e gás natural com a República de Moçambique para a Área 1 da Bacia do Rovuma. Foram perfurados onze poços em águas profundas e descobertos dois complexos, Prosperidade e Golfinho/Atum, cada um contendo 30 triliões de pés cúbicos (Tcf) de gás natural. (Anadarko Petroleum Corporation, 2012) Pelo menos quatro destes poços de descoberta foram as maiores descobertas em África em 2010 e 2011. O teste de fluxo Barquentine-2, concluído em março de 2012, revelou-se mais promissor, demonstrando taxas de fluxo entre 90 e 100 Mcf de gás por dia, em linha com as actuais restrições das instalações.

Na sequência de uma campanha de exploração bem sucedida, a Anadarko decidiu realizar um grande investimento de engenharia, aquisição e comissionamento (EPC) em dois comboios de liquefação de 5 milhões de toneladas por ano. O local terá dimensão suficiente para acomodar até quatro comboios adicionais, se os acordos de produção e venda o permitirem. De acordo com o material de relações públicas da empresa ( ), este projeto permite à Anadarko tirar partido das suas competências essenciais em operações no Golfo do México e da sua experiência em gestão de projectos para realizar este projeto de forma competitiva. A empresa detém um interesse de trabalho de 36,5% na Área 1, sendo o restante detido pela Mitsui E&P (20%), BPRL Ventures (10%), Videocon (10%) e Cove Energy (8,5%). A Empresa Nacional de Hidrocarbonetos E&P detém uma participação adicional de 15%, apenas para a fase de exploração. (Anadarko, 2012)

Em 2012, ocorrerão pelo menos dois eventos críticos que influenciarão o sucesso do projeto. Em primeiro lugar, a Anadarko irá adjudicar contratos competitivos de Engenharia e Projeto de Execução (FEED). Em segundo lugar, o projeto identificará compradores de produção através de acordos operacionais de longo prazo. Quando estas duas fases forem concluídas com êxito, a empresa poderá certificar as reservas, obter a aprovação do plano de desenvolvimento do governo moçambicano e adjudicar os contratos finais de EPC em 2013. As primeiras vendas da instalação de GNL estão previstas para 2018. Para aplicar a análise do ensaio anterior, começamos por analisar as despesas de capital da Anadarko. É suficiente, com base na análise anterior, para fazer crescer o negócio e melhorar o valor para os acionistas? Há margem para aumentar as despesas de capital e, em caso afirmativo, qual o montante de despesas adicionais necessárias para melhorar a carteira de capital? O projeto Mozambique LNG está a contribuir para os factores positivos da carteira? Por último, como é que o financiamento estruturado pode oferecer benefícios adicionais à Anadarko na prossecução deste projeto de investimento?

Com base numa análise das despesas de capital da Anadarko, tal como representadas nas declarações de fluxo de caixa de 2007 a 2011, o investimento médio anual de capital foi de 5,3 mil milhões de dólares, ou 14,94% da capitalização de mercado. Isto é cerca de 4,61% menos do que o investimento de outros grandes produtores independentes de E&P. Para além das questões de subinvestimento, os dados

sugere que a Anadarko também não está a maximizar a utilização do seu capital, tal como demonstrado pela avaliação do seu fator de intensidade das despesas de capital ( ). Se a Anadarko Petroleum Corporation pretender alcançar a paridade com os seus concorrentes em termos de intensidade das despesas de capital, seria necessário um investimento adicional de 1,6 mil milhões de dólares por ano. Uma unidade de liquefação (4,45 milhões de toneladas), processamento de gás de entrada, liquefação, reservatórios, instalações de carregamento de navios, produção de energia, serviços de utilidade pública e edifícios e sistemas auxiliares associados custarão aproximadamente 4 mil milhões de dólares. Dado o horizonte temporal de cinco anos proposto para o projeto e a participação da Anadarko no projeto, a escala do investimento parece adequada para resolver os problemas de subinvestimento da empresa.

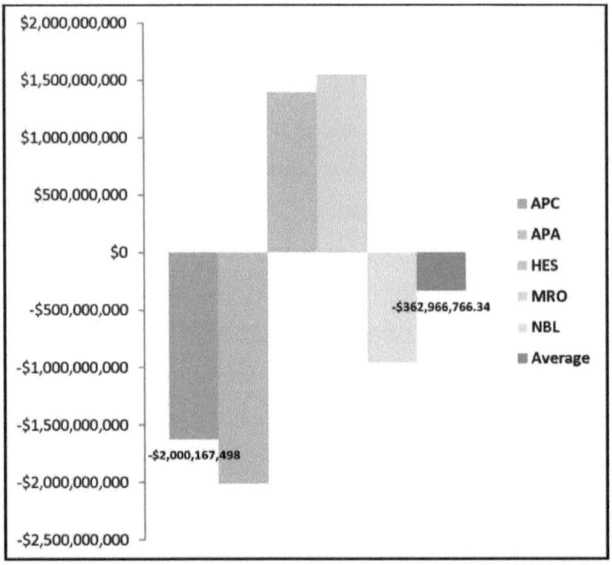

Figura 6: Análise do investimento de capital da Anadarko

Dada a necessidade de investimento adicional, será que o projeto de GNL em Moçambique cria valor adicional para a Anadarko e para os seus acionistas, melhorando o EBIT da empresa? Para responder a esta pergunta, é necessário analisar mais de perto os projectos de GNL como oportunidades de investimento. De facto, os exemplos de financiamento de projectos citados anteriormente incluíam várias instalações de GNL e estas referências foram intencionalmente utilizadas para representar oportunidades de desenvolvimento a montante para além da cabeça do poço. Estas representam uma importante fonte potencial de receitas sustentáveis para os grandes produtores independentes que procuram diversificar as suas carteiras de capital.

Um projeto de GNL é, de facto, uma cadeia de investimentos que é bem sucedida para os produtores quando são cumpridos quatro elementos-chave: desenvolvimento do campo, gasoduto de distribuição, instalação de liquefação, acordos de compra. Embora as instalações de liquefação tradicionais estivessem inicialmente limitadas a 2 milhões de toneladas, as novas concepções permitem aumentar o débito para 4 ou 5 milhões de toneladas.[9] Do ponto de vista do promotor do projeto, uma fábrica de GNL típica necessitará de pelo menos 700 MMscfd ou 7Tcf durante a vida do campo (Jensen Associates, agosto de 2007). Deixando de lado os requisitos de manutenção e operação, estas instalações poderiam produzir um fluxo de caixa sustentado para além da vida económica do ativo.

Para além dos cálculos simplistas do ROI, a rentabilidade de uma instalação de GNL é optimizada quando os valores do ROI excedem a combinação dos preços do mercado à vista e dos custos de transporte quando subtraídos dos custos à cabeça do poço. No entanto, é de notar que muitos campos de gás natural, incluindo os descobertos em Moçambique, contêm um volume significativo de líquidos, particularmente condensados, o que pode aumentar ainda mais a economia destes projectos. Os contratos tradicionais de longo prazo incluem uma cláusula de "take-or-pay" que especifica os níveis de

---

[9] Em comparação, o maior projeto de GNL do mundo até à data é o projeto multifacetado de Gorgon, que produzirá mais de 25 milhões de toneladas por ano - cinco vezes mais do que o projeto de GNL de Moçambique proposto. Como salienta Robert Prieto, Vice-Presidente Sénior do Grupo Industrial e de Infra-estruturas da Fluor Corporation, "estamos a entrar num mundo em que os limites do âmbito e da complexidade já não serão caracterizados por megaprojectos e megaprogramas, mas cada vez mais por aquilo a que chamo gigaprogramas". Estes programas exigirão investimentos e os grandes independentes estão bem colocados para tirar partido destas oportunidades. Debra K Rubin, "Global Demands Push Project Scale", Engineering-News Record, 29 de agosto de 2011, 10-12.

entrega limitados a 90%, com a opção de o comprador aumentar a produção durante determinados períodos para aumentar os valores globais comprometidos. (Jensen Associates, agosto de 2007) Se as estimativas da Anadarko de 30 Tcf para os dois complexos, Prosperidade e Golfinho/Atum, estiverem corretas, os campos contêm gás natural suficiente para abastecer quatro instalações de exportação de GNL. O GNL poderia ser vendido aos mercados asiáticos, em particular à China ou à Índia, onde os contratos de GNL são geralmente de vinte anos ou mais e têm um preço de 90% do petróleo numa base de valor calorífico equivalente, muitas vezes bem acima dos preços do gás norte-americano (Henry Hub). Uma empresa estimou que os preços do GNL à saída do navio se situarão entre 12 e 18 dólares por milhão de unidades térmicas britânicas (MMBtu). (Poten & Partners, outubro de 2010)

Por último, devemos analisar as melhores práticas em matéria de estratégia de financiamento de projectos, com base na investigação e em exemplos históricos. O projeto de GNL da Hunt Oil em Pampa Melchorita, no Peru, é talvez um projeto análogo. Este consórcio de investimento era constituído pela Hunt Oil Company (50%), SK Corporation (20%), Repsol YPF (20%) e Marubeni Corporation (10%). Embora seja uma empresa privada, a Hunt Oil é também considerada um grande produtor independente com actividades internacionais em vários continentes. É também líder em operações em águas profundas, tendo descoberto em 1976 o que era considerado uma área não produtiva no Mar do Norte (campo de Beatrice), a mais de 80 milhas da produção mais próxima. (Hunt Oil Company, 2012) Finalmente, tanto para a Hunt Oil Company como para a Anadarko Petroleum Corporation, este foi o primeiro terminal de exportação de GNL localizado numa área remota com infra-estruturas existentes limitadas. Tal como no projeto da Anadarko em Moçambique, o custo total de capital do projeto Peru LNG (PLNG) foi de 3,8 mil milhões de dólares, dos quais cerca de 2,5 mil milhões foram garantidos através de acordos de financiamento celebrados pela Hunt Oil, Repsol, SK Energy e Marubeni. (Peru LNG, n.d.).

Embora a jazida de gás natural no Peru se situe em terra, em Ayacucho (a jazida de Camisea), ao contrário da jazida offshore prevista para o projeto de GNL de Moçambique, as componentes técnicas dos dois projectos são notavelmente semelhantes. O projeto de GNL do Peru era uma instalação de um único grupo com uma capacidade inicial de 4,4 milhões de toneladas e uma capacidade de 620 milhões de pés cúbicos por dia. A instalação tinha capacidade para receber gás de alimentação, separar líquidos, medir o gás e reduzir a pressão, e remover o dióxido de carbono e a água do gás de alimentação. O equipamento associado incluía unidades de desidratação de gás e de absorção de carbono, instalações de refrigeração e de liquefação, dois tanques de armazenamento e outras instalações de armazenamento. Estão também previstas instalações marítimas de exportação, um quebra-mar e um gasoduto como parte do projeto. (Peru LNG, n.d.)

Dados os riscos associados ao projeto Peru LNG, que é o maior projeto industrial jamais realizado no país e a primeira fábrica de GNL na América do Sul, o financiamento do projeto foi assegurado por várias fontes e foi semelhante a outros exemplos utilizados anteriormente. A Peru LNG foi criada como uma empresa peruana em 2003, com a Hunt Oil como acionista maioritário. (Peru LNG, n.d.) Esta SPE assinou então uma carta de mandato de 800 milhões de dólares em julho de 2006 com o Banco Interamericano de Desenvolvimento (BID), que foi dividida em duas parcelas de investimento, um empréstimo A de 400 milhões de dólares do BID e um outro empréstimo B de 400 milhões de dólares da Société Générale e do BBVA, com uma contribuição sindicalizada de outros mutuantes, incluindo Calyon, Mizuho, ING, Sumitomo e Bank of Tokyo- Mitsubishi. (Peru LNG, n.d.) Em junho de 2008, o Comité Financeiro Interno aprovou um empréstimo de 300 milhões de dólares para o projeto, seguido de uma emissão de obrigações de 200 milhões de dólares no mercado financeiro peruano em 2009. Em julho de 2010, foi aprovada uma linha de crédito de 75 milhões de dólares por dois anos para satisfazer outras necessidades de financiamento a curto prazo. O saldo de 1,6 mil milhões de dólares foi obtido através de um acordo de participação. (Peru LNG, n.d.)

Tal como o projeto peruano, o projeto de GNL de Moçambique será o maior projeto industrial do país e o primeiro do seu género na região. Também apresenta riscos únicos que podem ser atenuados através de uma abordagem estruturada e com vários intervenientes. Caso ainda não o tenha feito, a Anadarko deve constituir uma SPE para separar o risco do projeto dos seus outros activos. É provável que sejam necessários fundos de patrocínio. Esta entidade preservará as notações de crédito, mantendo baixos os vários rácios de endividamento. Em segundo lugar, a Anadarko deve considerar a possibilidade de garantir o apoio de um banco de desenvolvimento regional que dê apoio regional ao projeto e mitigue o comportamento negativo dos intervenientes nacionais. As opções potenciais incluem o Banco Africano de Desenvolvimento, o Banco de Desenvolvimento da África Oriental ou o Banco de Desenvolvimento da África do Sul. Finalmente, o financiamento do projeto deve ser dividido em parcelas designadas de acordo com as componentes ou fases do projeto, como o desenvolvimento ou a operação e manutenção. Esta designação pode atrair investidores com base na sua tolerância ao risco e nas taxas de retorno esperadas. Ao tomar estas medidas, a Anadarko pode preservar os seus credit revolvers existentes para outros investimentos de menor risco, ao mesmo tempo que investe num projeto gerador de receitas para diversificar ainda mais a sua carteira de capital.

6 Conclusões e recomendações

A análise começou com um exame dos produtores independentes de E&P, que representam um grupo significativo da comunidade do sector do petróleo e do gás a montante. Os inquéritos estatísticos revelaram que a incerteza política e as despesas de capital representavam, em conjunto, 58,9% das hesitações dos inquiridos em relação ao investimento estrangeiro. Os profissionais do sector financeiro destas organizações têm sido, com razão, cautelosos em relação a uma alavancagem excessiva, devido à pressão no sentido da baixa exercida pelas agências de notação de crédito e à preservação das fontes de capital existentes. O resultado é o subinvestimento e a incapacidade de utilizar os activos fixos para otimizar a carteira da empresa. A análise estatística também mostrou como isto pode levar a um desempenho inferior do ROCE e a uma redução da maximização da riqueza dos acionistas através da redução dos dividendos ou da valorização do preço das acções. Para fazer face a estes desafios, as grandes empresas independentes devem considerar uma utilização mais generalizada do financiamento estruturado de projectos. As métricas de gateway, incluindo os cálculos do VAL, da TIR e do payback, serão mais exactas e fornecerão aos decisores melhores dados para estruturar a carteira de capital.

Este processo começa com a criação de uma SPE para proteger os activos do balanço do promotor contra o recurso de investidores e subscritores. Utilizando a modelização económica do projeto, a SPE pode desenvolver um memorando de oferta para atrair o investimento. Outros acordos de pré-desenvolvimento, como o licenciamento e as concessões, EPC, gestão complementar, caução e exploração, complementam o memorando de oferta e são necessários para levar por diante o projeto de investimento. Nalguns casos, os riscos associados ao investimento em oportunidades internacionais podem levar os grandes produtores a recorrer aos serviços de companhias de seguros que podem fornecer uma multiplicidade de serviços de subscrição. Também pode ser útil recorrer a entidades patrocinadas pelo governo para garantir o cumprimento das obrigações pelos vários parceiros da empresa comum, fornecer vários subsídios ou celebrar diretamente acordos de compra.

Os acordos de financiamento de projectos assumem geralmente a forma de titularização de fluxos de caixa futuros ou de CDO. Os VPP são uma estratégia de cobertura eficaz que pode complementar qualquer uma das estratégias acima referidas. Embora mais recentes no sector do petróleo e do gás, as CDO poderão vir a ser mais utilizadas no futuro. Entretanto, a titularização de fluxos de caixa futuros tem sido utilizada com êxito por um grande número de empresas de E&P, bem como por empresas petrolíferas nacionais. Pelo menos alguns grandes produtores independentes estão a utilizar as estratégias acima referidas para tirar partido de oportunidades de investimento significativas. Infelizmente, os estudos estatísticos apresentados mostram que muitas destas empresas subinvestem sistematicamente. Para os grandes produtores independentes que procuram criar uma vantagem competitiva sustentável, o financiamento de projectos pode ser uma estratégia eficaz para melhorar os rácios de endividamento, manter as notações de crédito e as linhas de capital existentes e investir em grandes empresas rentáveis.

Obras citadas

Anadarko (2012). *Operações.* Obtido em 22 de agosto de 2012, de Moçambique: http://www.anadarko.com/Operations/Pages/LNGmozambique.aspx

Anadarko Petroleum Corporation. (2012). *Folha de Factos de Moçambique.* The Woodlands.

Culp, C. L. e Forrester, J. P. (2010). Structured Financing Techniques in Oil and Gas Project Finance (Técnicas de Financiamento Estruturado no Financiamento de Projectos de Petróleo e Gás). Em A. S. Kramer, & P. C. Fusaro, *Energy and Environmental Project Finance Law and Taxation: New Investment Techniques* (pp. 521-556). Nova Iorque: Oxford University Press.

Davies, R., Goedhart, M. e Koller, T. (2012, agosto). Avoiding a risk premium that needlessly kills your project. *McKinsey Quarterly,* pp. 1-4.

Esty, B. C. (2003). *The Economic Motivations for Using Project Finance.* Boston: Harvard Business School.

Fight, A. (2006). *Introduction to Project Finance.* Londres: Butterworth-Heinemann.

Finnerty, J. D. (1996). *Project Financing; Asset-Based Financial Engineering.* Nova Iorque: John Wiley & Sons, Inc.

Hansen, H., Huhn, W., Legrand, O., Steiners, D. e Vahlenkamp, T. (2009). *Capex Excellence: Otimização dos investimentos em activos fixos.* West Sussex, Reino Unido: Wiley and Sons.

Helman, C. (2016, 9 de maio). *Forbes Energy.* Das 15 maiores falências de empresas petrolíferas (até à data): http://www.forbes.com/sites/christopherhelman/2016/05/09/the-15- biggest-oil-bankruptcies-so-far/#6fb61b2c739b

Hibernia (2012). Recuperado em 17 de agosto de 2012, de http://www.hibernia.ca/resevoir.html

Hunt Oil Company (2012). *História da empresa.* Recuperado em 14 de setembro de 2012 de Ray Hunt e Hunt Oil Company - 1974: http://www.huntoil.com/History.aspx#1974

Associação Americana de Petróleo Independente. (2009). *Profile of independent producers [Perfil dos produtores independentes].* Washington, DC.

Jensen Associates (agosto de 2007). *The Outlook for Global Trade in Liquefied Natrual Gas Projections to the Year 2020 [Perspectivas do Comércio Global de Gás Natural Liquefeito Projecções para o Ano 2020].* Weston, MA.

Merrow, E. W. (abril de 2011). Porque é que os grandes projectos falham com mais frequência. Em I. P.
Analysis (Ed.), *Reunião Conjunta da Secção da Capital Nacional da AACEI e da Secção da Sociedade Americana de Engenheiros Mecânicos.*
Nyquist, S. (junho de 2016). Black swans and barrels: How to think about the future of oil prices. 1-6.

Investidor no sector do petróleo e do gás. (outono de 2012). Market Buzz: Capital Spending. *One-on-One: An Investor's Look Into the Corner Offiice,* 2.

Peru LNG. (n.d.). Recuperado em 13 de setembro de 2012, de Hydrocarbons Technology: http://www.hyrdocarbons-technology.com/projects/peru-lng/

Peru LNG. (n.d.). Recuperado em 14 de setembro de 2012, de About Peru LNG: https://portal.perulng.com/irj/go/km/docs/documents/PLNG%20Website/index.htm

Poten & Partners (outubro de 2010). *LNG Market Assessment 2015-2035 - Prospects for the Kitimat LNG Terminal.* Nova Iorque.

Qatar Petroleum (2011, dezembro). *QP conclui o financiamento do projeto de gás de Barzan.* Recuperado em 24 de agosto de 2012, de http://www.qp.com.qa/en/homepage/mediacentre/news/11-12-22/Qatar_Petroleum_completes_funding_for_the_Barzan_Gas_Project.as px

Romundstad, S., Meisingset, I., Forde, T., Krasova, D., & Tresselt, S. (2013, setembro). Incorporating geophysical uncertainty in field development concept selection (Incorporação da incerteza geofísica na seleção de conceitos de desenvolvimento de campos). *World Oil,* pp. 49-58.

Schulz, R. (agosto de 2012). Mulling Metrics. *Oil and Gas Investor,* 77-79.

Schwartzel, E. e Ponsot, E. (2012, 25 de março). *Pittsburgh Post-Gazette.* Recuperado em 28 de agosto de 2012, de Chesapeake Energy CEO Quietly Hipotecar a sua participação nos arrendamentos da Virgínia Ocidental: http://shale.sites.postgazette.com/index.php/news/investigations/24415-mortgaging-the-future- of-natural-gas-chesapeake-energy-ceo-capitalizing-today-on-tomorrows- profits-in-west-virginias-farmland

Soroosh, J., & Ciesielski, J. T. (2004, julho). *Contabilidade para Entidades de Propósito Específico Revisada: Interpretação 46(R) do FASB.* Recuperado em 17 de agosto de 2012, de CPA Journal: http://www.nysscpa.org/cpajournal/2004/704/essentials/p30.htm

Weijermars, R. e Watson, S. (2011, outubro). Unconventional natural gas business: TSR Benchmark and Recommendations for Prudent Management of Shareholder Value. *SPE Economics & Management,* pp. 247-261.

Apêndice A

	Capitalização bolsista	EBIT médio ao longo de 5 anos	Média de 5 anos NOPAT	CAPEX médio ao longo de 5 anos
APC	$35,147,420,860	$1,956,800,000	$1,038,400,000	$5,251,400,000
APA	$34,841,607,900	$3,846,079,000	$2,171,182,000	$4,802,343,000
HES	$16,839,956,720	$3,139,600,000	$1,762,600,000	$4,686,400,000
MRO	$19,114,144,900	$5,362,400,000	$2,892,200,000	$5,284,333,500
LNB	$15,983,180,640	$982,113,000	$668,174,000	$2,164,000,000
Média	$24,385,262,204	$3,057,398,400	$1,706,511,200	$4,437,695,300

	CAPEX % / Capitalização bolsista	Intensidade de investimento	RCI	Div/CS	Variação do preço das acções ao longo de 5 anos	A Sobreinvestimento / Subinvestimento
APC	14.94%	37.26%	19.77%	0.36	17.02	-$1,619,140,546
APA	13.78%	80.09%	45.21%	0.64	45.79	-$2,008,417,901
HES	27.83%	66.99%	37.61%	0.32	20.76	$1,394,562,289
MRO	27.65%	101.48%	54.73%	0.93	-17.48	$1,547,942,484
LNB	13.54%	45.38%	30.88%	0.67	24.01	-$960,357,007
Média	19.55%	66.24%	37.64%	0.58	18.02	-$329,082,136

MIX
Papier aus verantwortungsvollen Quellen
Paper from responsible sources
FSC® C105338

Printed by Books on Demand GmbH, Norderstedt / Germany